U0139776

冲段必备

化繁为简学围棋

小目二间守角（上）

邹俊杰 著

山西出版传媒集团　书海出版社

图书在版编目（CIP）数据

化繁为简学围棋. 小目二间守角. 上 / 邹俊杰著.
—太原：书海出版社，2023.11
ISBN 978-7-5571-0121-3

Ⅰ. ①化… Ⅱ. ①邹… Ⅲ. ①围棋—基本知识 Ⅳ.
①G891.3

中国国家版本馆 CIP 数据核字（2023）第 192985 号

化繁为简学围棋. 小目二间守角. 上

著　　者：	邹俊杰
责任编辑：	张　洁
执行编辑：	侯天祥
助理编辑：	王逸雪
复　　审：	崔人杰
终　　审：	梁晋华
装帧设计：	谢　成

出 版 者：	山西出版传媒集团·书海出版社
地　　址：	太原市建设南路 21 号
邮　　编：	030012
发行营销：	0351-4922220　4955996　4956039　4922127（传真）
天猫官网：	https://sxrmcbs.tmall.com　电话：0351-4922159
E－mail：	sxskcb@163.com　发行部
	sxskcb@126.com　总编室
网　　址：	www.sxskcb.com

经 销 者：	山西出版传媒集团·书海出版社
承 印 厂：	山西出版传媒集团·山西人民印刷有限责任公司

开　　本：	787mm×1092mm　1/32
印　　张：	5
字　　数：	70 千字
版　　次：	2023 年 11 月　第 1 版
印　　次：	2023 年 11 月　第 1 次印刷
书　　号：	ISBN 978-7-5571-0121-3
定　　价：	20.00 元

如有印装质量问题请与本社联系调换

前　言

哈喽，大家好，我是邹俊杰。熟悉我的朋友们应该知道，我之前写过一套围棋系列书籍叫做《变与不变》。这一晃，都快十年了，无论怎样"变与不变"，围棋终究是变了。AI的出现，给围棋技术带来了革命性的变化，很多下法被淘汰，同时，也有了很多创新的下法。怎么说呢？

AI的出现，让我们所有的围棋人，都重新开始学习围棋。这次，我就是来和大家分享我的学习笔记的。

我们都知道，AI具备着超强大的算力。因此，AI的很多招法背后的逻辑是难以理解的。并且，它是机器，只告诉你胜率，一个冰冷的数据。它没法告诉你它的逻辑推理过程、它的思考方式，您只能自己去揣摩。它也没有情感，不知道人类擅长掌握什么局面，棋手之间的风格差异和个人喜好。所以，即使是顶尖的职业选手用AI学习，AI也不能教授他们如何控制局面，将局面简化并把优势保持到终点。因为，AI只会告诉你：胜率！胜率！胜率！

对不起，这个胜率是AI眼中的胜率，不是你眼中的胜率！就像乔丹告诉你，他可以在罚球线起跳，并且在空中滑行的过程中，抽空想想今晚是吃披萨还是牛排，喝哪个品牌的红酒。然后，再将篮球轻松地灌进篮筐。对不起，你就是原地扣篮也是不太可能的事，更别说罚球线扣篮了。

所以，AI的招法我们是需要简化地学习的。也就是说，化繁为简，放弃一些复杂的下法，找到相对简明又能控制局面的下法，这才是关键！如同健身一样，每个人能力不同，训练力量的强度则不同。咱们必须找到适合自己的下法，这才是最重要的！毕竟，围棋需要咱们自己去下，你不能总拿着AI的胜率去指点江山。如果靠嘴下棋可以赢棋，我想我也可以和乔丹较量一下篮球啦。

好啦！讲了这么多废话，我写这套书的目的是什么呢？我就是想让大家轻松地学习AI的招法。

无论是开局定式还是实战常型，我都想把我对AI下法的理解，配合全局的思考，以及我个人对局面的喜好呈现给大家，让大家能更好地理解和掌握一些流行的下法。

我们都知道，围棋始终是计算的游戏。提高计算力最好的方式就是做死活题。但当你有了一定的计算基础，掌握一些流行定式和实战常型的下法就是如虎添翼，会让你的实战能力得到极大的提高！

而光看AI的胜率是很枯燥的，它没有情感。人类的柴米油盐酱醋茶、琴棋书画诗酒花，AI完全不懂！并且，围棋中很多非常复杂的战斗，即使有AI辅助，人类依然很难搞明白。

所以，我就想，咱能不能化繁为简，让大家轻松学AI呢？

我想试试看！希望这次出版的系列作品，能给大家带来精神的愉悦和棋力的提高。如果一不小心，能帮助您多赢几盘棋，升个段啥的，我就非常愉快啦！

图一

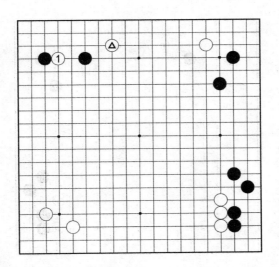

大家好，本册咱们来聊聊"小目二间守角"。

小目二间守角，变化较为复杂，是近年来职业高手们喜欢的下法。

为啥高手都喜欢复杂的下法呢？

变化越复杂，高手才更有优势啊！

你懂、我懂、他也懂，那高手的存在感在哪？

莫慌！咱们的宗旨是化繁为简，邹老师一定会让您心中有数，可指点江山，引无数迷妹竞折腰！

图二

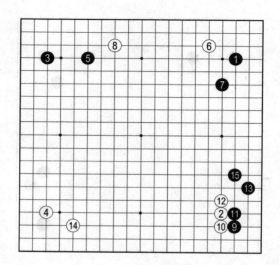

　　小目二间守角，变化分支比较多，咱们一步步来！

　　本图是上图的进行图。

　　当有了白8的拦逼之后，角上后续会有怎样的定型呢？

　　这是我们开篇需要搞清楚的第一个问题！

　　上图的白1靠，咱们肯定都见过。

　　但见过，是不是还是晕？

　　总是晕，实力怎么变强？

　　实力不变强，骨子里的骚动如何释放？

图三

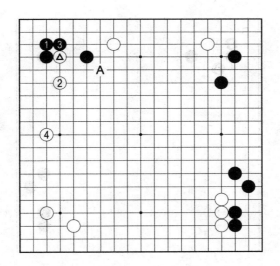

　　黑1立，是局部最为简明的下法。

　　至白4，双方和平解决。白4也可于A位
飞。

　　好啦，搞定！打完收工！

　　邹老师，您这是骗钱！

　　"你我约定，一争吵很快要喊停，也答应
永远都不让对方担心。"

　　如果双方达成默契，确实没啥变化可讲。

　　可是，生活会一直如童话般美好吗？

　　"童话里都是骗人的！"

图四

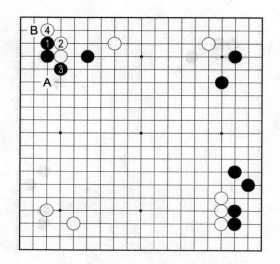

　　白2冲下来，是咱们必须要搞懂的变化，这是对对手起码的尊重！

　　白4扳之后，黑棋一般有A和B两种选择。

　　邹老师，我有种邪恶的想法。

　　哦？黑棋还有第三种选择吗？

图五

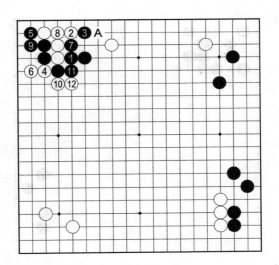

黑1顶，我想杀白棋！

嗯，我看你骨骼清奇，是万中无一的练武奇才，维护世界和平就靠你啦！

白4断，让他杀！

下围棋，就像是做生意，赚钱的未必是赢家！

比如：10块钱让你扫一天的厕所，你会有赚钱的快乐吗？

邹老师，这好像不是做生意，是找工作。

别杠！这重要吗！

至白12，黑棋吃得并不开心。今后，白A位还有先手便宜。

图六

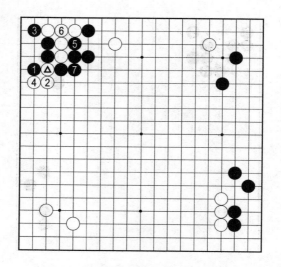

黑1先打吃，至黑7，黑棋略优于上图，但整体依然不能满意！

小黑："要做快乐的自己，照顾自己，不去计较公平不公平。"

小白："你这种境界，不去维护世界和平，可惜了！"

图七

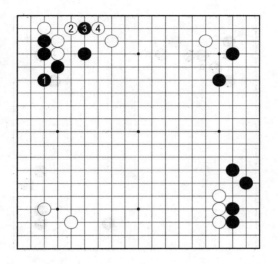

综上所述，吃白棋并不便宜。

黑1虎，补断是一种应法。

白2虎之后，局部已经连络。

黑3靠下，则白4尖，黑棋没啥后续手段。

因此，黑3与白4的交换，没啥意义。

图八

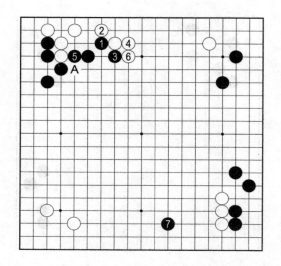

　　如果角上非要定型的话，黑1尖顶是可以考虑的一手。

　　几手交换之后，黑棋的好处是，防住了A位的扳出。

　　至黑7，是双方都可接受的结果。

图九

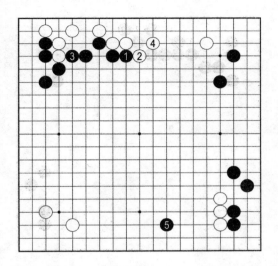

黑1先压，也许稍好一些。

白2扳，黑3再顶，白4需补三路的断点。

至黑5，咱们对比一下就会发现，黑棋稍优于上图。

那么，白棋的问题出在哪了呢？

图十

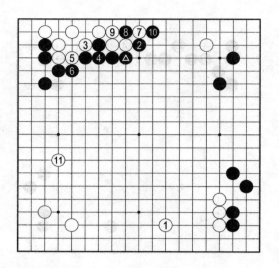

走不好，即脱先！

"没有什么能够阻挡，你对自由的向往！"

白1拆边，先捞为敬！

小黑："二子头不能被扳，老师没教过你吗?"

小白："下围棋是要看周边配置的，别死脑筋！"

白棋上边是活棋，黑棋并没有想象中那么严厉。

黑棋虽封住了上边，但白棋抢到了11位的好点，限制住黑棋上边的厚势，全局依然是均势。

图十一

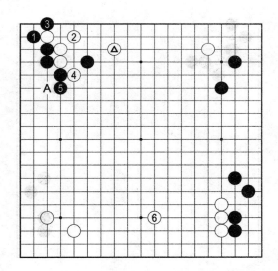

黑棋除了 A 位虎之外，在 1 位扳也可行。

白 2、4 先手交换之后，当先手便宜了，即脱先抢大场。

至白 6，是双方都可接受的定型。

邹老师，有点不明白，白棋便宜在哪？

有没有觉得，白△这颗子，得到了几个援兵？

当初孤零零一人，寒风中多清冷。

觉得冷，咱们就要抱团取暖！

图十二

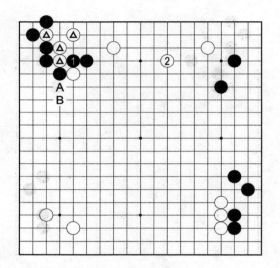

邹老师，黑棋为啥不断呢？

黑1断，也不是不可以，但未必便宜。

角上那四颗白子，很轻。

小白："就是地上随便施舍几粒米，诱惑你啄的。"

小黑："你当我是小鸡吗！"

黑1断，好处是给白棋的压力更大。

因此，白2回拆，补防一下，该给的面子要给！

但咱们也可以看到，白棋今后A、B都有

先手，黑棋味道不好，这是黑棋吃亏的地方。

　　总之，本图和上图差距不大，都是可以考虑的选择！

图十三

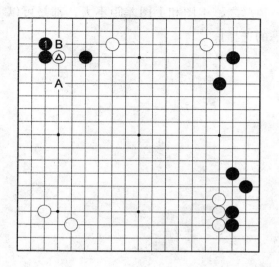

总结一下。

当对手碰上来的时候，最简明的应法就是1位立！

白棋大致就 A 或 B，两种应对方式。

之前讲解的变化，还是很亲民的，基本属于一学就会。

好啦，您已经可以行走江湖啦！

等等！

邹老师，敌人碰上来，1位立，我懂了。

但其它的下法不明白，我不敢碰上去啊！

图十四

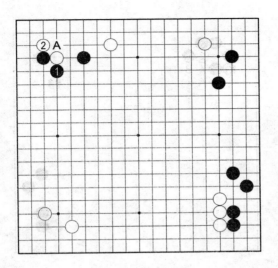

是的！防守的办法，您找到了。

但要想进攻，咱还得继续深造一下。

先来看看，黑1扳外面的变化。

黑1扳，白2如A位立，那就还原到之前讲过的变化。

记住，绝大多数的对手都不是善茬！

白2往角里一扳，看向你那轻蔑的眼神似乎在说："晕了吧，后生仔?"

图十五

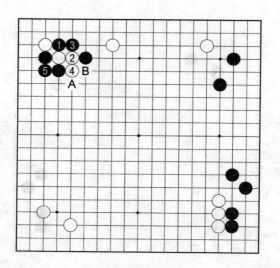

记住重点！白棋扳角里，征子必须有利！

否则，黑5在A位打吃，白棋就拜拜了！

黑5之后，白棋大致有A、B两种选择。

是不是有些晕？

正常！双方纠缠在一起，缺氧，能不晕嘛！

别担心，你晕他也晕，谁怕谁啊！

图十六

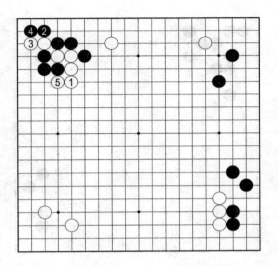

先来看看白1长的下法。

黑2如吃角，白棋弃子封住外围。

有没有发现，黑棋的气紧，下边已经出不来了。

如此，局部黑棋稍亏。

黑2为啥要回去呢？白棋角里不是死的吗？

好想法！

没事别老缩，人生该当冲冲冲！

图十七

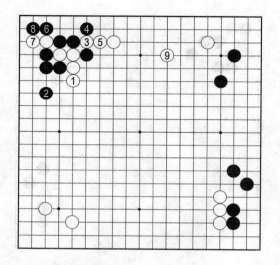

黑2跳出，略优于上图。

黑棋下边出头，白即3位断，控制住上边。

小白："出门打猎，总不能空手而归吧！"

至白9，双方都可接受。

黑棋还有别的应法吗？

图十八

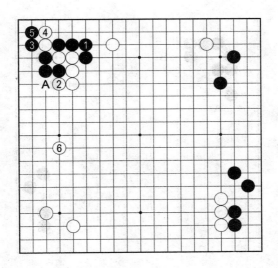

黑1补上边的断点。

白2拐，是简明的定型。

只不过，本图与图十六作比较，白棋有稍亏的感觉。

发现了吗？

本图白A位挡，变成了后手！

但整体来看，也是双方可接受的定型。

我不能忍！

我劝您还是忍忍吧！

图十九

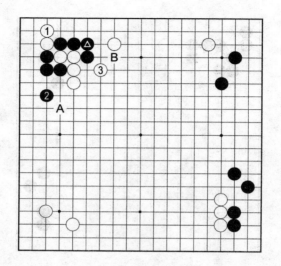

白1立是局部最强硬的下法。

但变化过于复杂，我认为实际操作难度太大，咱们还是放过对手吧。

得饶人处且饶人！

白3之后，黑棋可能会B位跨断。

白3也有在A位飞压的可能。

每一个分支的变化都非常烧脑！

这类性价比极低的下法，您就放过我吧！

毕竟，邹老师的每颗脑细胞也应该得到尊重。

我建议选上图的定型。大家好，才是真的好！

图二十

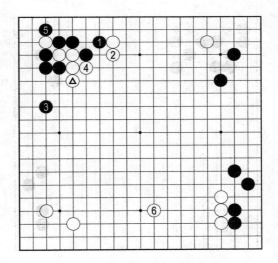

黑1虎顶，也是局部可考虑的应手。

先手防断之后，黑3下边出头。

白4先手封住，控制住上边，脱先抢大场。

至白6，依然是接近的形势。

黑3为啥这么老实？

图二十一

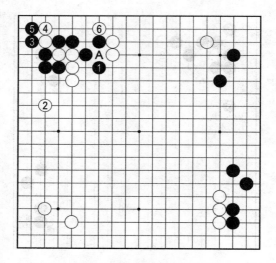

黑1尖出，也是复杂的战斗。

此时，白棋有多种选择。

而白2象步，是我个人比较喜欢的一手。

轻灵，看起来也比较潇洒！

逼迫黑棋回去之后，白6扳是棋形的要点，必须要抢！

看见A位的打了吗？黑棋有断点！

图二十二

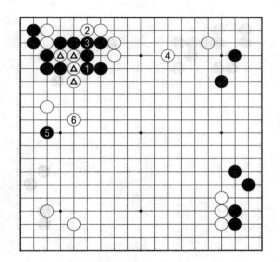

　　黑1补断，棋形有些丑，白2先手长，很舒服。

　　只不过，丑归丑，黑棋未必不能战！

　　白2与黑3交换之后，白棋上方⚫四颗子已经变轻，白4先守紧要之处。

　　黑5整体攻击白棋。

　　至白6，依然是难解的棋局。

图二十三

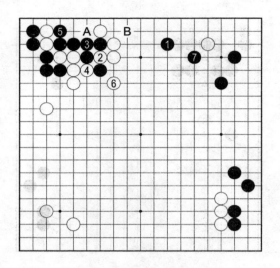

黑1抢先打入也是一种选择。

白2打断，补强自身，黑7笼罩右边，双方各有所得。

注意！黑5是本手！

黑如A位挡，白B位虎是先手，黑棋反倒吃亏！

图二十四

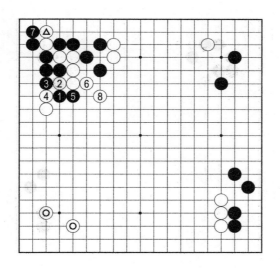

　　之前，白棋△位立的时候，黑1穿出也可以考虑！

　　小黑："有没有听说过——象眼必穿！"

　　小白："呃？好吧，是我肤浅了。"

　　至白8，一场乱战在所难免。

　　注意！本图由于白棋左下角◎位有配置！

　　下边是白棋的势力，方可支撑上边的战斗！

图二十五

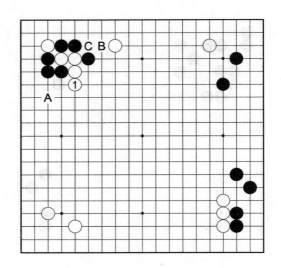

总结一下。

白1长，黑棋大致A、B、C三种应法。

黑A跳，最为简明。图十七，双方点到为止，都有面子。

黑B虎顶，战斗有些复杂。图二十、二十二、二十三、二十四，都是可以考虑的选择。

黑C位粘，如进行至图十九，也是双方都不好掌握的战斗。

综上所述，白1长，并不是亲民的下法！

图二十六

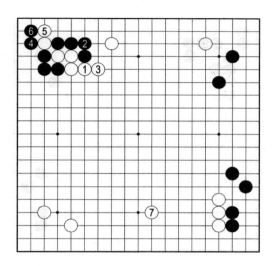

　　抱着化繁为简的宗旨，我强烈向大家推荐白1拐的下法！

　　至白7，棋盘是不是清爽了很多？

　　小白："如此多好，兄弟何必为难兄弟呢！一会儿，啤酒、撸串，我请！"

　　小黑："你这铁公鸡请客，我怎么觉得哪里不对劲呢？"

　　本图的进行，我认为白棋稍有利一些。

图二十七

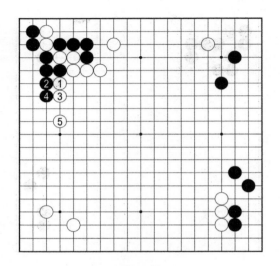

白1扳，也是不错的选择。

至白5，白棋控制住中腹，也很厚实！

无论是上图还是本图，我认为双方的差距都很小，我个人是喜欢白棋多一些。

小白："黑兄如此给面子，大恩不言谢，都记心里啦！"

小黑："我十分感动！但依然要动你！"

图二十八

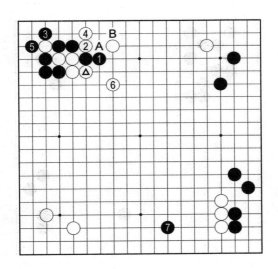

黑1长出，会如何呢？

白2断，白4位立是先手。

白6飞，黑棋两子已升天了！

注意看！黑A则白B，黑棋冲不出包围圈！

小白："都不知道你要干嘛！这不是送死吗？开瓶酒，今天得庆祝一下！"

小黑："要不要配点头孢，助助兴？"

其实，黑棋两子死了也未必差！

至黑7，依然是双方都能接受的定型。

来看看，白△先拐的必然性！

图二十九

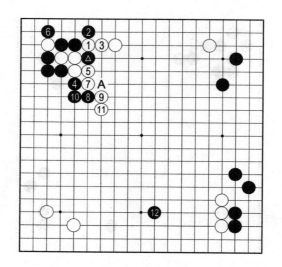

白棋如先1位断，黑2、4连打两下，弃掉黑●子即可。

白7拐，黑8连扳，紧凑的好棋。

至白11，白棋留有A位的破绽，棋形不够完整。

至黑12，黑棋好调！

明白了吗？

白上图△先拐，目的就是把黑棋走重，养大吃肥！

图三十

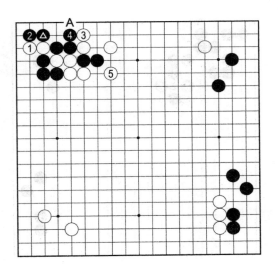

接图二十八。

白1继续立，也是不错的一手！

注意！黑4紧住了白气，白棋就得换招了！

白5夹，才是此时正确的应手！

一个小细节，A位的打吃，保留会更好！

有爽不爽，为啥呢？

耐心往下看！

图三十一

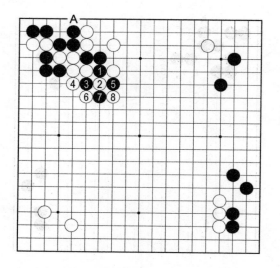

白棋防着黑棋冲出的变化！

A位保留着致命的劫材，黑7就不敢造次！

白8拉爆炸弹，黑棋粉身碎骨了！

小黑："保留劫材，够阴险的啊！"

小白："不要迷恋哥，哥只是蒙得比较准！"

图三十二

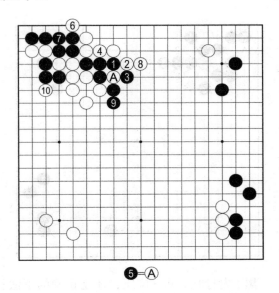

⑤─Ⓐ

接上图。

黑棋不敢打劫，只好1位冲出。

白2、4先将黑棋打个痛快！

至白10，黑棋跑是跑了，但得到啥了呢？

小黑："经过一夜的思考，我发现，我是一个掉坑的骚客。"

小白："没关系。你还年轻，加油吧，骚年！"

那黑棋究竟应该咋应呢？

图三十三

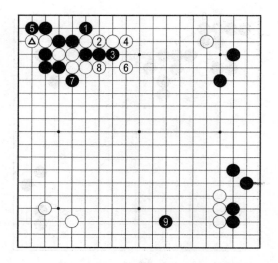

黑1先打吃，再3位压，才是正确的下法！

白6夹，黑棋三子不是没了吗？

格局！格局小了啊！

不就是死了几颗子嘛，别太在意！

黑9抢占大场，依然维持着全局的平衡！

图三十四

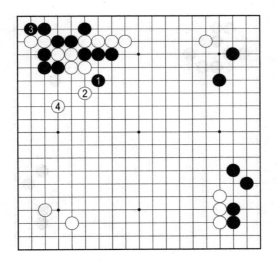

如果您实在是不肯弃子。

黑1跳，交换一下，也可考虑。

至白4，依然是混乱的局面。

总结一下：

本图与上图，还有图二十八，都是双方可接受的定型。

图三十五

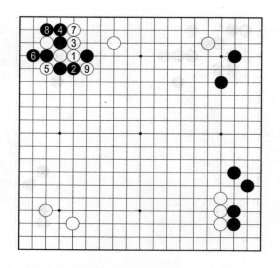

之前，咱们讲了黑2从3位打吃的下法。

为了便于理解，黑2从上面打吃的变化，咱们还是要提一下。

白5、7之后，9位断。

品一品，有没有嗅到恶劣的气氛！

小黑："好像呼吸有些困难！"

小白："你这基本是'羊'了！"

图三十六

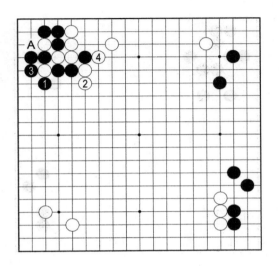

黑1打吃，白2长是先手！

角里有A位的手段，黑3必须补棋。

至白4，白棋明显有利！

小白："确认过，是真爱。你终于活成了我期待的样子！"

小黑："生而为人，就问脸呢！"

图三十七

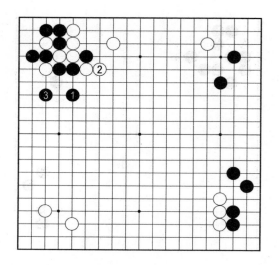

黑1跳，至黑3，黑棋略优于上图。

只不过，战略方向错了，细节上再怎么优化，也难改颓势！

小黑："唉，太苦了，人间不值得。"

小白："不要做傻事！没有你，我的人生多无趣！"

图三十八

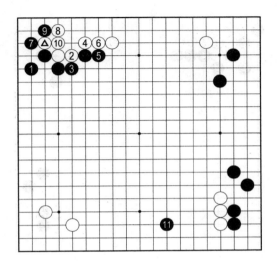

接下来，我们来看看黑1虎的下法。

对于黑1虎，白2是最简单的应对方式。

如果您不想烧脑的话，本图是我强烈推荐的选择！

至白10，局部来说，双方都能接受。

只不过，此局面下，黑棋抢到了11位的好点，白棋稍有不满。

图三十九

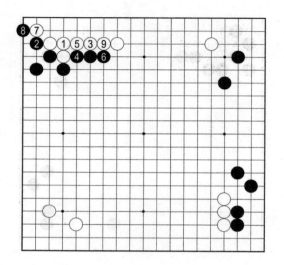

想不想再追求一下？

小白："不要激我！"

白1粘，局部会复杂很多！

至白9，没看出来有多复杂啊！

小黑："那是因为，你内心还不够强烈！"

本图与上图差不多，我认为都是黑棋稍稍有利。

注意！白9必须补棋！边上有个冲断，白棋扛不住！

图四十

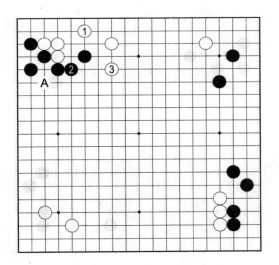

白1飞过，我认为稍优于上图。

至白3，与上图作比较，白棋的棋形好一些，速度也更快一些。

今后，A位刺，是白棋的先手权利。

当然，本图黑棋也不坏。

进程中，黑2也可以保留，直接脱先。

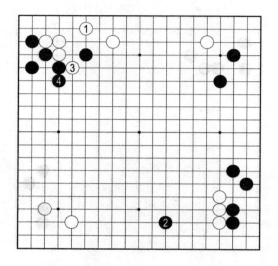

黑2先抢下边大场。

白3扳，黑棋就长。

该温柔的时候得温柔，不可硬碰！

本图，双方也差不多，都可接受。

以上的几个变化，都谈不上复杂，双方都
点到为止，各自安好。

"你是风儿，我是沙，缠缠绵绵……"

图四十二

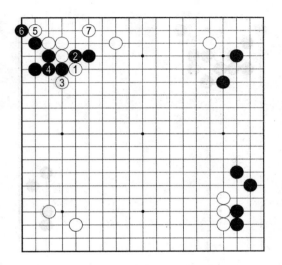

小白："你是风儿，我要杀！"

小黑："怎么改歌词啦！"

白1直接扳，这下双方就不好找台阶下啦！

白1、3先把黑棋外围的棋形破坏。

然后，再下边飞过。

我的是我的，你的还是我的，这是典型的强盗逻辑！

是不是有些晕？

莫慌！黑棋有简明的处理方式！

图四十三

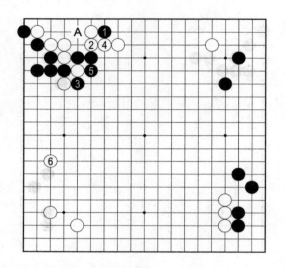

黑1、3的次序，很精彩。

局面是不是一下就清爽啦！

进程中，白2如4位挡，黑A位夹，白棋扛不住。

黑3之后，白棋也没办法跑出，只能弃子。

白6拆边，限制黑棋上边的势力。

本图，是我个人比较认可的定型。

图四十四

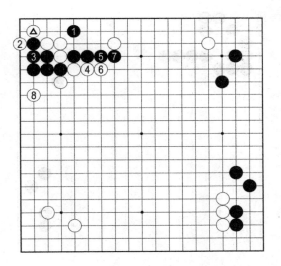

之前，白角上扳的时候，您是不是闪过一丝邪念呢？

请大胆地说出你的想法！

黑1跳下，没有几个人能抵抗住吃棋的诱惑！

小黑："敢想就要敢做！要知行合一！"

小白："我现在就想打你，你准备好了吗？我要知行合一啦！"

白2、4、6都是命令式的先手。

白8飞下，杀气是啥情况？

图四十五

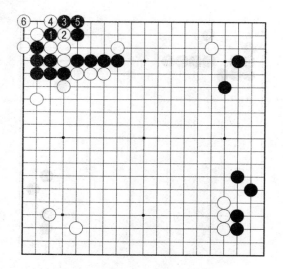

黑1断，是局部紧气的好手段。

白6尖，好棋。局部留着个劫。

邹老师，黑棋是先手提劫，白挂了！

兵者，诡道也！

有些仗，看似打赢了，实际上却输得一败
涂地！

图四十六

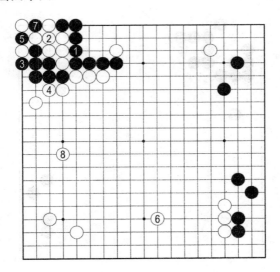

角上是打劫。

白6、8是最温柔的寻劫方式。

即使外面简单地抢两步大场，全局形势也是白棋明显优势！

邹老师，很难相信吃这么多颗子，黑棋居然亏了！

吃再多子，黑角上也就20目左右啊！

100块的纸币换成硬币，看起来数量也不少。

但数量改变不了质量啊！

图四十七

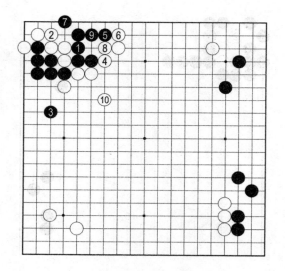

黑3拆出，黑棋换种吃棋方式，比上图会好一些。

只不过，至白10，依然是白棋有利。

所以，吃棋的诱惑要抵住！那是对手给你埋下的坑！

综上所述，图四十二和图四十三，是我个人比较支持的定型！

图四十八

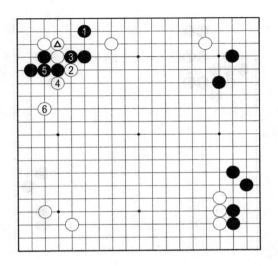

千万别以为事情那么简单！

对手的性子不由你掌控！

他要是冲动起来，你也要小心！

黑1跳下。

小黑："生存还是毁灭，这是个问题……"

小白："你一思考，上帝就发笑！"

至白6，是不是感觉脑子被抹上了浆糊？

图四十九

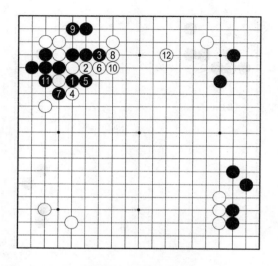

白棋的目的就是想封住黑棋。

黑1打出是第一感！

白棋通过借力，顺势封住了上边。

至白12，白棋简明不错。

图五十

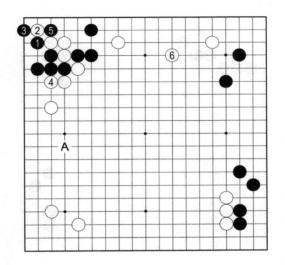

黑棋不能打吃出来，只好角上吃棋。

白棋简明处理即可。

至白6，黑棋优于上图，但形势依然稍差。

白6也可抢占 A 位的大场，白依然不错。

发现了吗？

黑棋吃角，往往都是吃亏的！

小黑："你真是有毒！"

小白："你咋不说是自己消化不良呢！"

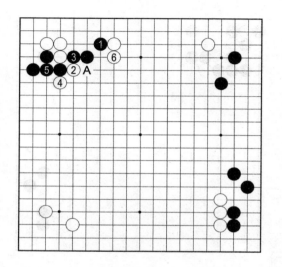

小黑："经过整晚的痛定思痛！我决定，我要换种方式吃棋！"

小白："你就没有想过，是自身力量的问题吗？"

黑1尖顶，地盘要完整！

整就整，整晕为止！

至白6，晕吗？

注意，白棋下手棋要于A位封锁！

图五十二

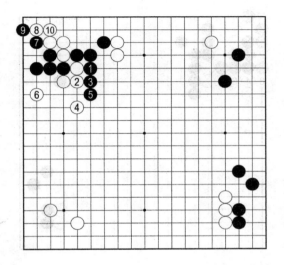

黑1、3、5顺势出头，调子似乎很不错。

小黑："你不觉得我这棋下得很自然吗？行云流水一般。"

小白："明白了。你就是个水货！"

白10之后，角里的对杀，黑棋有问题！

图五十三

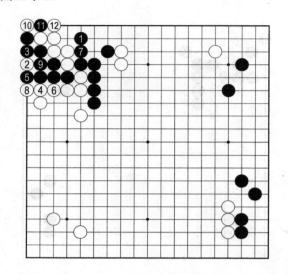

接上图。黑1跳，角里继续杀气。

至白12，是个紧气劫。

此劫黑重白轻，黑棋断然不行！

为啥？不还打着劫吗？

别忘了，当初是谁说，地盘要完整来着？

小白："现在，你还完整吗？"

小黑："嗯？你心理健康吗！"

图五十四

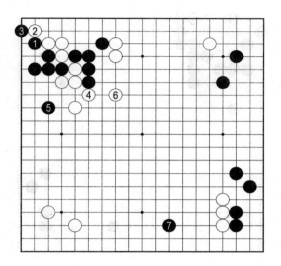

黑1虎，俗话说得好，先下手为强！

小黑："这下地盘完整了吧！"

不慌！

白4、6封住上边，白棋也有所得。

至黑7，依然是难解的局势。

从AI老师的角度看，本图白棋稍好。

可实话说，左上角，后续白棋该如何定型是局面的难点！

也许，这就是，有一种好是妈妈（AI）觉得为你好！

图五十五

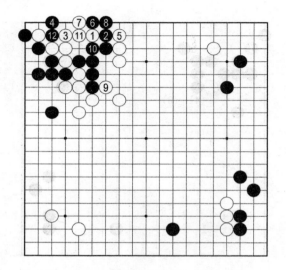

黑棋角上的味道并不好。

只不过，白棋动手的时机，是让人困惑的地方。

不要问我，我也不知道！

邹老师要是啥都会，早就天下无敌啦！

但如果黑4点，黑棋只是满足于吃子的话，我就会下啦！

白棋通过弃子，外围收获满满！

图五十六

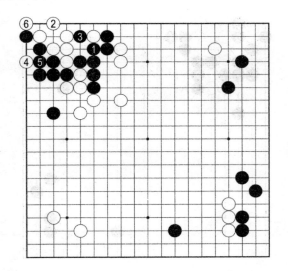

黑1、3吃棋，还是想稳妥一些好。

小黑："我总是心太软，心太软。"

小白："兄弟，有时候，倒霉都是从心软开始的。"

想得挺美，可是吃不掉啊！

至白6，看出来是打劫了吧！

此劫，对黑棋的负担有些重啊！

小白："认命吧！这是你逃不过的劫数！"

图五十七

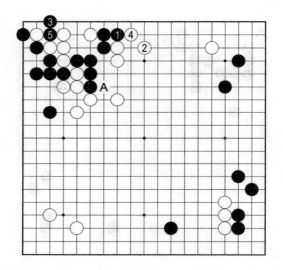

找一个双方都能下台阶的图。

黑1外拐，延气。

白2如在3位做活（注意，白棋不是净活），则黑在2位飞出，白棋并不便宜！

至黑5，双方都踏实了，可以好好一起过日子了。

"找一个最爱的、深爱的人，来告别单身。"

本图，双方都看清了，局势大致差不多。

但需要注意的是，白A虎，不是先手！

图五十八

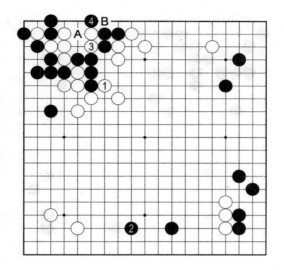

如白1现在虎，这笑话就闹大了！

黑棋是可以脱先的！

小白："咋啦？我不能紧气吗？"

小黑："唉，我终于明白，一个人有了足够的绝望，就有了真正的包容！"

黑4扳，局部紧气的好手！

A位有挖吃，白棋慢一气被杀。

严格来说，白3于B位扳，局部有个缓气劫，黑棋暂时也不怕。

图五十九

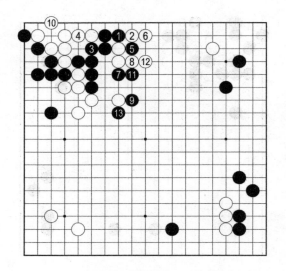

白2扳，局势就变得激烈起来。

双方的感情就这么轻易地破裂了。

这是不是变得也太快了？

好在，此局面黑棋征子有利。

黑5可断出，从外围脱逃。

至黑13，尽管很混乱，但由于角上白棋没有活干净，感觉上是黑棋有利的战斗（此局面下）。

图六十

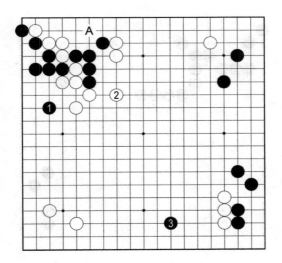

总结一下：

AI老师认为，在此局面下，白棋是稍稍有利的。

但实际上，A位出手的时机，是比较难把控的。

如白棋此时直接出手，大致会下成图五十七。

白棋未必便宜。

因此，我个人认为，本图的局势很难判断好坏。

图六十一

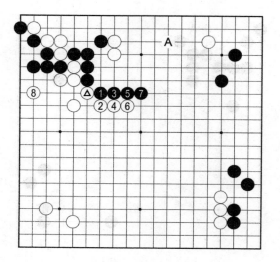

黑1扳，从上边出头会如何呢？

白8飞下，好点。

黑角上需要补棋，但A位的打入也很诱人。

小黑："呃，要不要给命运一个机会？"

小白："放手做吧，不做怎么知道自己傻！"

图六十二

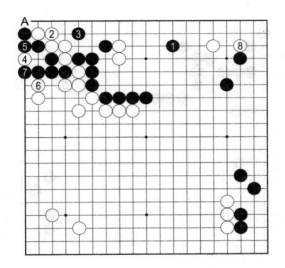

黑1脱先打入。

白2粘，至黑7先手收刮，白外围已经变厚。

白8托，安定右上角即可。

注意！角上A位有个扑，对杀是个劫！

白棋此时不着急打劫，是因为右上角更大。

本图白棋不错。

小黑："看来，命运并不想帮我。"

小白："加油！你差点就成功啦！"

图六十三

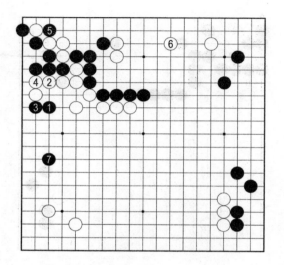

黑1点，精彩的一手！

您得好好品品！

黑1、3外面先手便宜之后，再5位补角。

此时，白6与黑7成见合的好点！

想一想，如果黑棋直接5位补角，白6拆边，黑1、3还能交换到吗？

这就是——行棋的节奏！

只不过，尽管黑棋操作猛如虎。至黑7，依然是白棋稍优的定型。

邹老师，白2没有别的应法吗？

图六十四

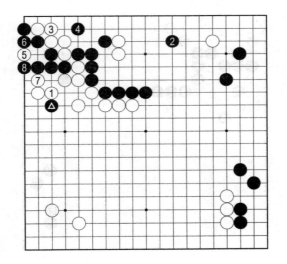

简单看一下黑棋的意图。

白1挡，是黑棋所期待的！

黑2脱先，抢上边打入。

至黑8，是不是和图六十二很像？

就差这么一点！

注意看！黑△与白1，里与外的交换！

小白：“我的内心是崩溃的！”

图六十五

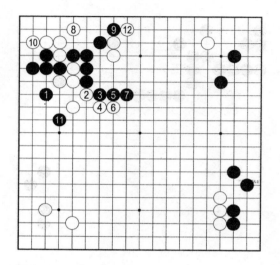

接图五十四。

再来看看，黑棋不虎角里，直接1位跳出会怎样？

小白："有吃不吃，你傻啊！你不吃，我就活！"

小黑："钱财如粪土，有所不为，才能有所为！"

至黑11，依然是难解的战斗。

不过，本图我较喜欢白棋。

白棋空多啊！

图六十六

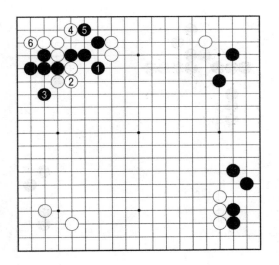

还记得之前的定型吗？

我们讲了黑棋拐打出来的变化，现在来看看黑1小尖会如何？

小黑："如果硬的不行，就试试柔软一些的。"

小白："别谦虚，刚才你也未必差。"

黑3跳出，白棋自然要活角。

至白6，依然是难以把控的混战。

邹老师，能不能再可视化一些，晕啊！

好吧，我已经快到能力的边界了。

图六十七

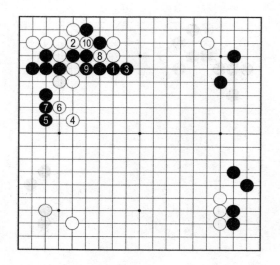

接下来，黑1如压出，白2可以考虑麻黑棋一下。

普通的补棋，黑棋有被利之嫌。

黑3长，正确。

白4、6先把外围走畅。

然后，白棋可以考虑吃通上边。

至白10，依然是难解的局面。

既然白2这么麻。黑棋是不是可以考虑先抢呢？

图六十八

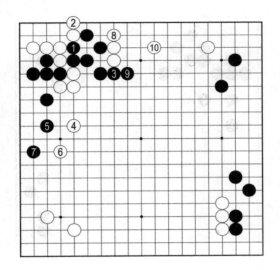

黑1先挤，也未必便宜，有撞气之嫌。

白2立，是局部的关键，扩大眼位。

白4、6先手压迫黑棋，顺势走畅自身。

至白10，依然是乱战。

只不过，我个人稍喜欢白棋多一些。

邹老师，白4这步子是不是迈大了，没问题吗？

图六十九

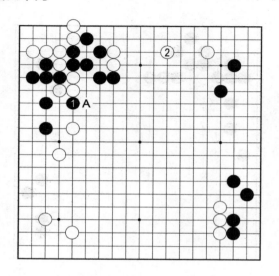

黑1靠，棋感犀利！

小黑："给你一锤子！"

小白："听说过四两拨千斤吗？"

白2拆，脱先了。

三颗白子，未必不能死。

关键是还没死！

今后，白还可A位扳，练出来！

和上图一样，本图我个人也是稍喜欢白棋。

邹老师，角上是咋回事呢？

图七十

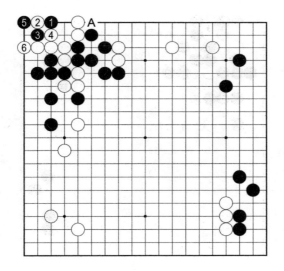

经典的角部棋形死活要牢记！

至白6，白棋是净活！

注意！黑A位挡，是后手，白棋是可以脱先的！

只不过，黑1点，白棋此时有更好的下法！

小白："你知道贝多芬，为什么脾气暴躁吗？"

小黑："这是唱的哪出？"

小白："因为，他有个不幸的童年。"

小黑："和我有啥关系？"

图七十一

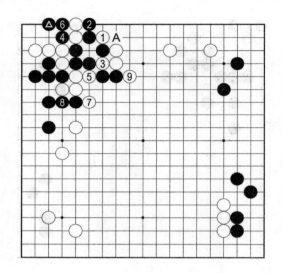

小白："开局就这样，你比贝多芬的童年，惨多了！"

黑角上●点。不能随便乱点！

白1挤，要求连络，绝妙！

黑如A位打吃，白则3位打，黑棋棋形有问题！

黑2截断，接下来是必然的进行。

至白9，形成转换，黑棋明显不利！

图七十二

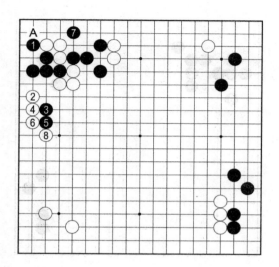

接图六十六。

是不是之前，您也有同样的困惑，黑棋为啥不吃角？

不要紧，让他杀！

白2飞下，瞄着角里A位扳。

还记得，图六十四吗？

黑3点，依然是此时的好手！

至白8，双方和平解决，局势难分优劣。

图七十三

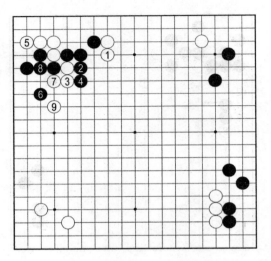

之前，白1单长，有可能会好一些。

邹老师，您这绕一圈，为啥不早说？

这不得征子有利，才能1位长嘛！

并且，注意，我说的是有可能好一些！

黑2、4如法炮制。

白棋此时，可5位单立！

是不是没看出啥区别？

别急，慢慢听讲。

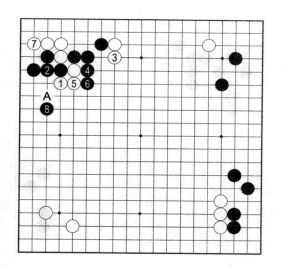

还记得之前讲过的变化吗？

白1先打吃，至黑6，白7如下立，黑8会跳出。

和上图比较一下，黑棋此时不需要跳在A位啦！

黑8大跳，速度更快，会稍优于小跳。

当然，本图的战斗依然复杂。

但您不可否认，黑棋比上图要便宜一些。

小黑："我始终比你要高那么一点点！"

图七十五

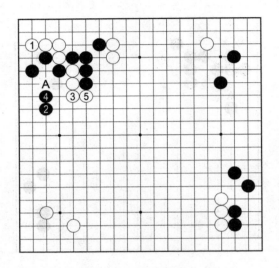

不作打吃的交换，黑棋就拆不到2位！

黑2拆，白棋此时会3位单长，A位有点，黑棋门户大开！

黑4得补棋，至白5，黑棋棋形上明显吃亏！

小黑："玩这么细，累不累，有意思吗?"

小白："我也不想这样，都是被你逼的!"

图七十六

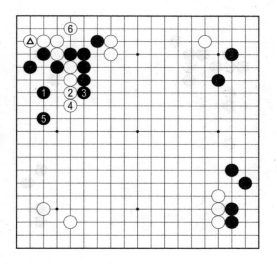

因此，黑1小飞会优于上图。

白2长，黑3先压一下，紧要！

至白6，依然是一场难解的混战。

只不过，我认为白棋有更好的处理方式。

图七十七

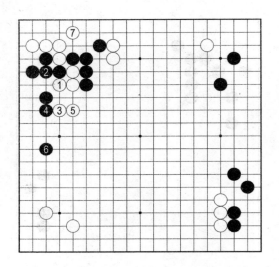

至白7，依然是双方难以把控的战斗。

不过，白1、3、5的棋形，应优于上图。

围棋太难了！

没有标准答案的事物，是世界上最难学的！

实话说，已经超出了我水平的可控范围。

不能很清晰地提出自己的建议，我也非常抱歉！

但咱们多了解一下，"收拾"那些毫无准备的人，应该足够了！

图七十八

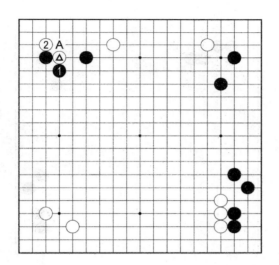

总结一下。

之前讲了黑1上扳的变化。

白2扳的反击是最为复杂的！

我能力有限，做不到化繁为简。

如果您想避开以上复杂的变化，白2于A位下立，就简明很多。

你好，他也好，人生多美好！

图七十九

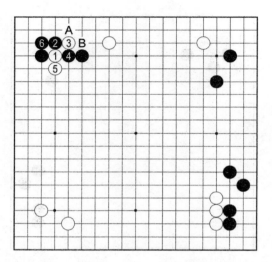

好啦，整理一下思路，咱们重新出发！

来看看，黑2扳下边的应法。

至黑6，也是非常流行的变化。

接下来，白棋有A、B两种选择！

准备好了吗？

等等，邹老师，我还有些晕。

晕，您就休息一下。或者，来微信视频号，听听我的视频直播，也许能加深一下理解！

怎么样，这波广告做得丝滑吧！

图八十

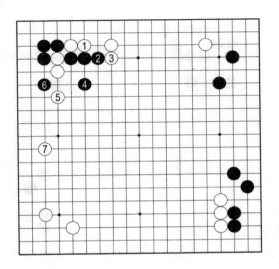

先来看看白1爬。

白3贴起来，也是常见的下法。

黑6点刺，白7脱先，是不是没看懂？

这是闹哪样啊！

高手过招，点到为止。太清楚了，韵味就少了！

邹老师，您估计是也没看懂吧！

图八十一

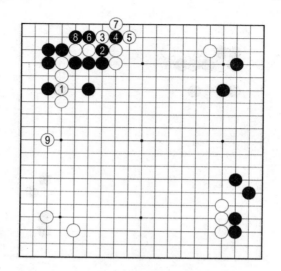

上图的黑6，目的是补棋之前，想先把白棋走重。

黑2是留着的后门！

看明白了吧！其实，黑棋的棋形是没有问题的！

因此，白1以下的几手交换，有把自身走重之嫌。

上图的进行，才是双方更好的定型。

是不是一下觉得，春暖花开，阳光明媚，岁月静好。

图八十二

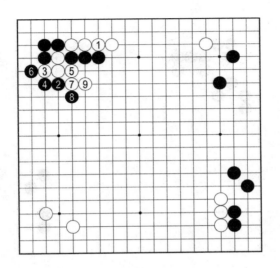

既然之前白棋的棋形有破绽。

那白1粘上，会怎样呢？

小白："你岁月静好，叫我如何释怀？"

小黑："你这种思想，要不得！"

黑2顶，值得学习的一手！

白5下不去，至白9，是双方必然的进行。

接下来，会是怎样的战斗呢？

等等！邹老师，先讲讲白5为啥下不去！

图八十三

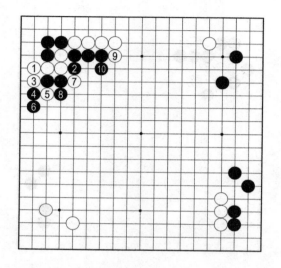

很简单，下去白棋就死了！

这么简单，为啥还要讲？

因为，我知道您可能会走黑6！

至白9，感觉到黑棋气紧了吧？

如此进行，白棋未必坏！

图八十四

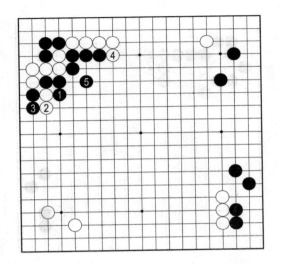

黑1拐吃，这才像个高手！

本图和上图对比一下，看出区别了吗？

黑棋的借用少多啦！

现在明白了吗？

同样是吃棋，咱们要吃得有态度，有品味！

图八十五

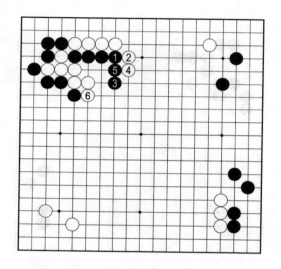

现在，咱们回到图八十二，您会怎么下呢？

黑1是不是您的第一感。

至白6，双方对跑。

有没有觉得黑棋的棋形有些"丑"？

小白："兄弟，人丑多努力啊！"

小黑："你怎么知道，我没努力过！"

图八十六

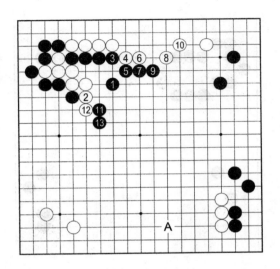

黑1飞，好棋，好好品品！

至黑5，是不是发现黑棋形状比上图舒展多了！

小黑："我进屋能写书，出屋能杀猪！"

小白："几日不见，文武双全，刮目相看啊！"

至黑13，黑棋的头一直在白棋的前面，下方A位的大场多半会被黑棋抢到。

本图的进行，我认为是黑棋好调。

图八十七

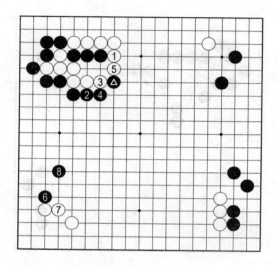

回头来看，白1拐，或许会好些。

黑2、4连压。

可以看到，黑棋之前 ⚫ 便宜的地方。

至黑8，是双方都可接受的棋局。

再好好品品，黑 ⚫ 的飞！

小黑："有没有大鹏展翅的感觉！"

小白："有朋（鹏）自远方来，当宰乎？"

小黑："怎么啥话从你嘴里说出来，就变
味了……"

图八十八

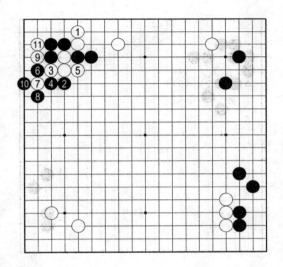

爬的变化咱们聊完了，现在聊聊白1立。

白1立，黑棋还能不能2位顶呢？

其实，未必不能，只是现在不能。

邹老师，能说人话吗！

没看见黑棋现在征子不利吗？

至白11，黑角没了，还咋下！

图八十九

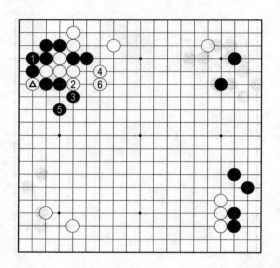

黑1要是粘，白2拐，黑棋上下难以兼顾。

至白6，白棋明显有利。

黑棋为啥这么好说话？

那两颗子，不能逃吗？

小黑："我要发飙！"

小白："怪不得你头发这么茂密。"

图九十

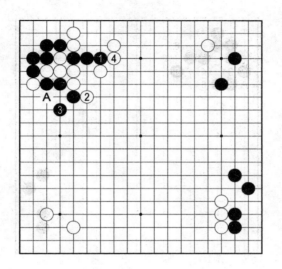

小黑："这和头发有啥关系？"

小白："你得拿掉头上的阻力，才能让智商重回高地！"

小黑："我真的是很久没有动过手了……"

黑1是不能跑的！

白2扳，是先手。A位要征吃，黑3只能补棋。

至白4，黑棋阵亡了。

图九十一

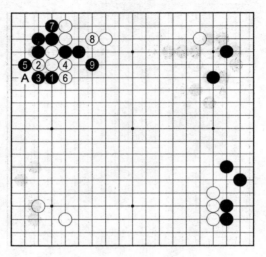

那什么时候黑棋可以1位顶呢？

注意！必须是黑棋征子有利！

邹老师，黑棋不是征子不利吗？

不要气我！我说的是假设黑棋征子有利！

能不能有点想像力！

白棋征子不利，就没有A位断的机会！

黑7挡，交换之后，A位的断点就不存在了！

至黑9，是难解的战斗。

因此，当黑棋征子有利的时候，黑1顶，
也是可以考虑的一种下法。

图九十二

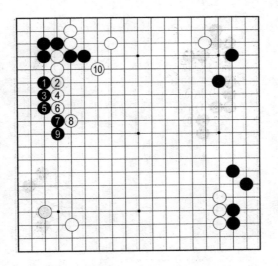

黑1跳，棋形有些不正。

白2简单压出即可。

至白10，从配置上看，黑棋效率不高。

邹老师，黑棋下那么软，当然不利！

怎么？又想发飙？

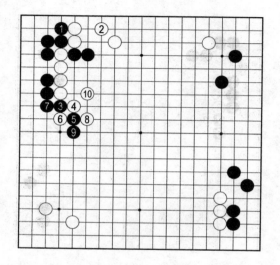

黑3扳起，也未必比上图好。

白6、8、10是整形的好手！

黑9必须长！

要是去贪图吃上边白棋四颗子，您非得把邹老师气昏厥了不可！

至白10，依然是白棋不错的定型。

图九十四

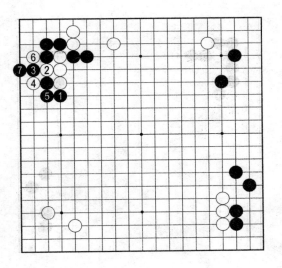

黑1第一时间扳起！

这飙，发得猛啊！

白2冲下，中计！

至黑7，白棋如再继续吃下去，就是经典的"大头鬼"。

小黑："最近，你头发也茂密了不少嘛！"

小白："别以为我不知道你想说啥！"

图九十五

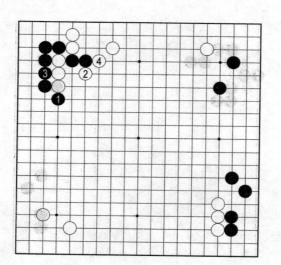

白2才是正确的应手！

左边，3位冲下的破绽始终存在。

看破，别着急破！

黑3只好补棋。

至白4，是白棋不错的结果。

图九十六

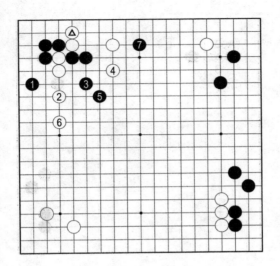

综上所述，当白棋⊿位下立时，黑1小飞才是更好的棋形！

至黑7，是一场势均力敌的混战。

邹老师，这结论下得，是不是太仓促，太草率了。

呃，被您发现了。惭愧啊！

接下来的战斗，我能力有限，我也搞不懂了。

图九十七

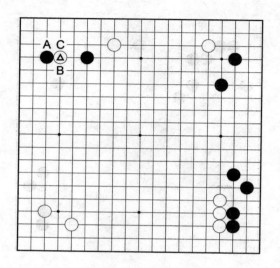

总结一下：

我们之前主要讲的是白棋⊛位碰的变化。

黑棋 A、B、C 三种常见应法，都有讲解到。

黑 A 位，最简明，双方都安心，岁月静好。

黑 B 位扳时，白如在 A 位扳，将是最烧脑的战斗。

黑 C 位扳，图八十、图八十七、图九十六是我认为双方都可行的变化，依然很烧脑。

您以为就完了吗？

早着呢！跟着邹老师，继续燃烧脑细胞吧！

图九十八

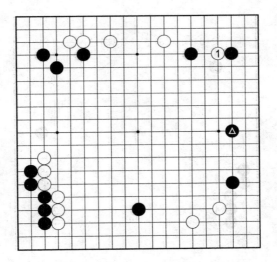

来看看，此局面下，白1碰会怎样？

注意黑△的位置！

小黑："我已经等你很久了！"

小白："我好像有种不祥的预感。"

是不是有些同学觉得此局面，挺熟悉？

咱们来看看棋局的进程。

图九十九

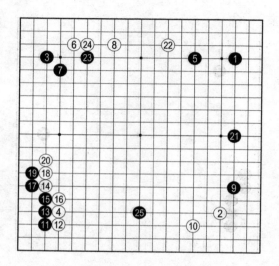

申真谞执黑对卞相壹。

第27届韩国GS加德士杯决赛，五番胜负第三局。

加德士，好像巧克力啊！

别闹，韩国GS加德士可是机油，吃不得！

感兴趣的同学，可以去网上找棋谱来看看。

申真谞持黑，吊打了卞相壹，仅仅173手，即解决了战斗。

究其原因，就是右上角，卞相壹中刀了！

刀光一闪，如黑夜中的流星，卡子哥（卞相壹的绰号）早上起来，牙还没刷，又可以继续睡了……

图一百

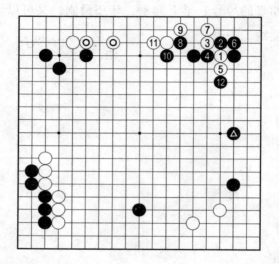

接图九十八。

来看看，此时黑2扳，会怎样？

注意周边的配置！

白左边◎有子力，白棋已经比较厚了。

因此，黑棋索性8、10交换掉，让白棋厚上加厚。

黑12顶，这是咱们之前讲过的手段。

只不过，此时黑△有子，下法上就会有所区别！

图一百零一

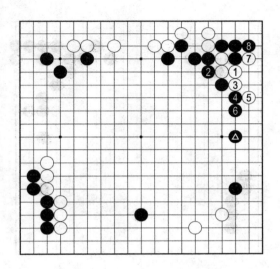

白1拐，是之前提到的下法。

小白："在记忆力方面，我一向觉得自己天赋异禀！"

小黑："确认了。你确实是个饼！"

提醒很多次了！没看见△处，黑棋有子吗！

黑2堵住上边，白棋危险了！

图一百零二

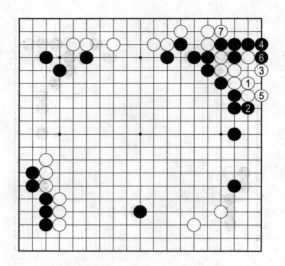

继续挣扎也只是做无谓的抵抗！

至白7，局部有个劫。

但此劫，不是紧气劫！

白棋打得太累了。黑棋明显有利！

邹老师，为啥要打劫呢?

图一百零三

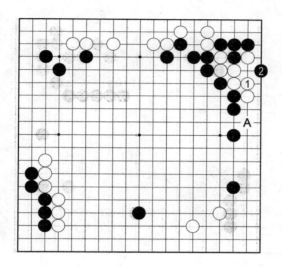

黑2点，不是可以净杀吗？

黑2点，也可以。

只不过，A位有些借用，黑棋未必有上图好！

综上所述，图一百零一中白1往下拐，是不能成立的！

学围棋小诀窍：

靠记忆力解决不了核心问题，咱们还是要明白行棋逻辑，才能根据不同的局面，灵活处理。

图一百零四

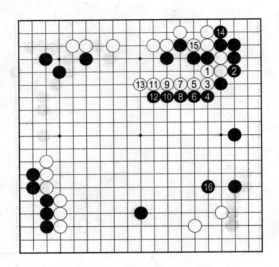

不能下拐，那就只能上拐。

白5之后，黑棋简明弃子即可！

哇塞！这么大方？

既然可以不战而屈人之兵，又何必给自己找麻烦呢？

注意细节！发现了吗？

黑14挡是先手，角上的目数获利不少。

至黑16，黑棋简明易下。

图一百零五

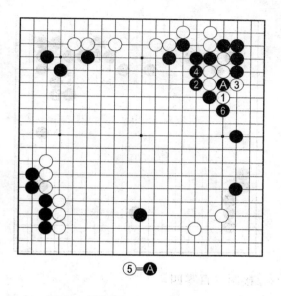

⑤=Ⓐ

白1打吃，不可！

有些随手棋是致命的！

至黑6，白棋一坨大饼。

拜拜了您呐！

小黑："兄台，你说得没错，阁下确实是天赋异'饼'！"

图一百零六

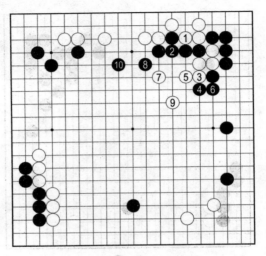

接图一百零四。

白1此时打吃，是不易想到的好棋！

至黑10，形成混战。

我认为是黑棋稍稍有利的战斗。

等一下！邹老师，给讲讲逻辑。

没明白，白1打吃，究竟好在何处？

图一百零七

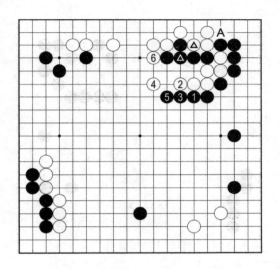

还记得图一百零四的进行吗？

对比一下！

有了 ⊛ 与 ● 的交换，黑 A 位挡，变后手，白棋的目数便宜了！

现在，明白上图进行的逻辑了吧。

在图一百零四的进程中，白棋一直没有机会作打吃的交换！

图一百零八

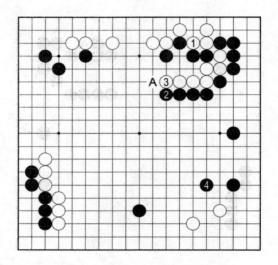

接图一百零四。

白1此时打吃，也打不到。

黑2和白3交换之后，抢占4位跳的大场。

今后，黑棋可在A位扳。

本图依然是黑棋不错。

之前，图一百零六的进行是黑棋稍有利的战斗。

如果，您想避开混战，我还有一计。

图一百零九

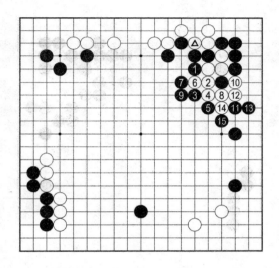

黑1拐打，也可考虑。

小白："征子不利，你也要征吗？"

小黑："我还是了解你。你还是从前那个蠢货，没有一丝丝改变！"

白2跑出，是黑棋所期待的！

黑3枷！至黑15，一气呵成，打完收工！

邹老师，黑棋气也紧，外面没问题吗？

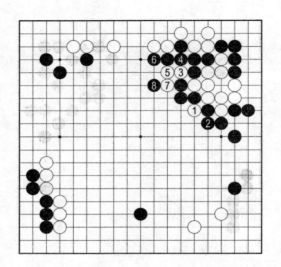

白7拐，看起来两边都要征吃，黑棋难以兼顾。

小黑："麻烦让一让。黑8的手筋，了解一下！"

白棋下边只有三口气，白棋被杀。

请同学们自行验算一下。

邹老师，那不能跑，白棋还能咋办，白棋三颗子总不能弃了吧？

谁说不能弃！思路灵活点！

图一百一十一

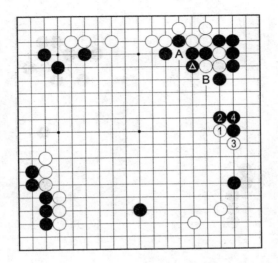

与图一百零六作比较，黑棋△拐吃的弊病是，A位欠着子，白棋上方目数已经获利。

因此，三颗白子，可以看轻！

白1碰，思路灵活，值得好好品一品！

瞄着B位的跑出，在下方寻求一些便宜。

黑2扳，是防着B位跑。

至黑4，是双方接近的定型。

黑4也有反击的可能。但不是重点，咱们就不在此展开讲了。

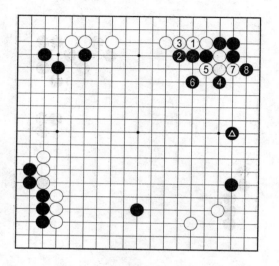

来看看，白1爬回的变化。

黑4依然是顶！

只不过，此时黑有 子力接应，黑棋就不会轻易地放过白棋！

黑6枷，这次让你有去无回！

看起来，黑棋棋形破破烂烂的，白棋似乎不难处理。

图一百一十三

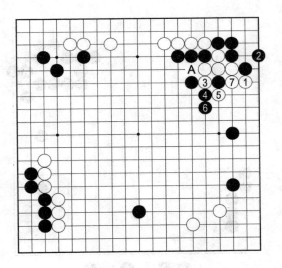

白1扳，如果黑2虎，那就错了。

至白7，A位还有冲，白棋简单就活了！

小黑："你为啥总是一厢情愿呢？"

小白："难道……"

小黑："发现啦？对不起，人生没有后悔药！此时才发现，已经来不及啦！"

图一百一十四

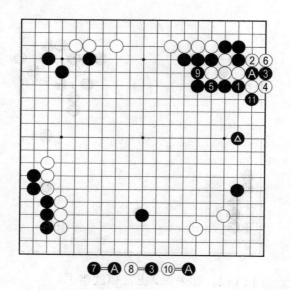

黑1断，才是致命的杀招！

至黑11，一个经典的"大头鬼"。

此时，白棋往角里去，气是不够的。

白棋只能向外！

小黑："看见⬤的黑子了吗？等你很久了。"

小白："我就说，当初你这个拆边，看着那么怪异呢。"

图一百一十五

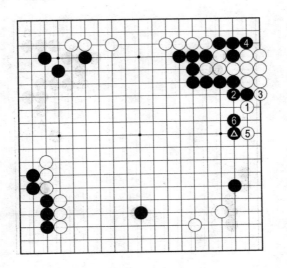

白1、3往外跑。

黑4拐角里，紧气的关键。

白棋外面跑不出去！

至黑6，可以看到，白棋的气太紧了。

手起刀落，整个世界，清净了……

图一百一十六

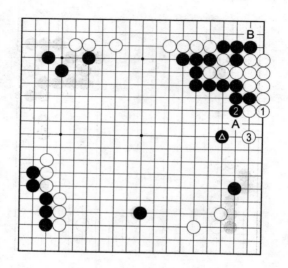

注意看！

如果当初⬤的位置是在高位，黑棋是拿不住白棋的！

白1粘，冷静的好棋！

黑如松气，在A位封白棋，白棋角上B位夹，黑气不够。

黑2紧气，白3跳，黑棋也吃不住白棋。

小黑："你以为，当初的拆边是滑标吗！"

小白："你好阴毒……"

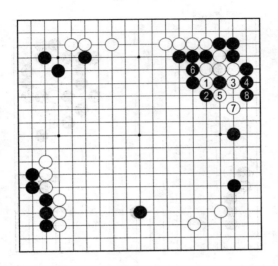

先来看看，卞相壹实战的下法。

毫无准备的小卞，被打了个措手不及。

晕头巴脑之下，走出了"最差结果"！

人生处处是坑，不要以为你够专业就不会掉坑。

看看小卞，以为懂得越多，可能亏得越惨！

咦？咋好像是在说股票……

至黑8，发现了吗？

白棋气太紧了！

图一百一十八

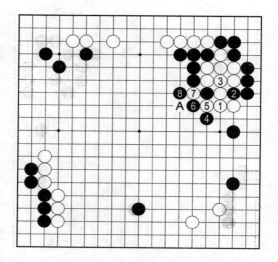

白1团！叫我怎么说你了，小卞。

职业棋手都不顾及形象的吗？

还是觉得，这一坨饼很帅？

黑4飞，申真谞乘势追击，不给对手喘息的机会！

至黑8，白棋已难以为继。

白A位打吃，虽然可以打劫，但劫材呢？

本局，仅仅支撑了171手，卞相壹速败！

图一百一十九

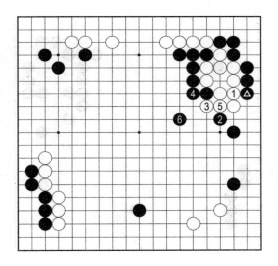

来看看黑棋⬛长的时候，白棋还有救吗？

首先，白1接是不能考虑的。

至黑6，白棋全军覆没了！

小黑："恭喜你！比小卞的实战还要惨。"

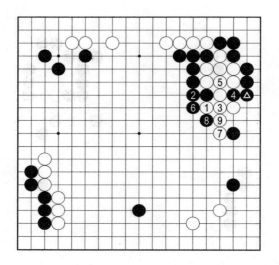

白1先打吃交换一下，再3位粘上，应该总比下相壹的实战好！

搞不明白，小卞同学实战是咋想的。

但即使如此，至白9，白棋也不咋样。

小黑："你这一坨坨的，啥玩意儿！"

小白："难道不觉得像一把尚方宝剑吗！"

小黑："哎呦，棋不咋样，嘴还挺硬。"

图一百二十一

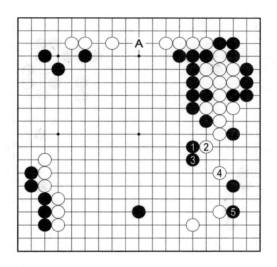

接上图。

黑棋此时的选择挺多的。

给大家推荐一个简明的。

黑1、3笼罩过来，白4如强行出头。

黑5托，借力缠绕白棋。

小黑："就问你，要钱还是要命？"

上方，白棋还欠着A位的打入。

整体来看，白棋苦战难免！那么，白棋还有救吗？

图一百二十二

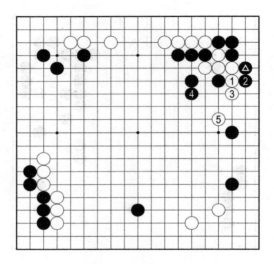

白1拐，才是正确的应对。

接下来的战斗，比较复杂。

黑4并，是其中的一种选择。

白5飞出，接下来，黑棋该怎么办呢？

邹老师，我好像发现了白棋的棋形破绽！

图一百二十三

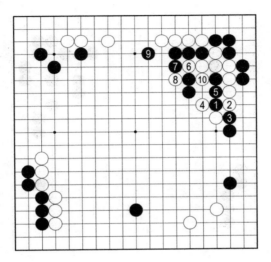

黑1靠，好感觉！

只不过，出手时机早了点。

就差这么一点，天堂到地狱！

白6、8冲断之后，黑棋气紧。

注意看！至白10，黑棋三颗子不能要了！

邹老师，好像是个征子。

聪明！

那白棋不就是仗着征子有利嘛！

图一百二十四

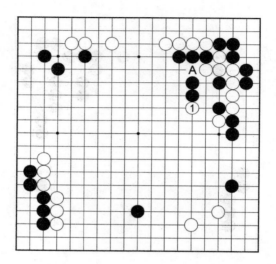

告诉您个小秘密。

其实，征子不利，也能成功！

白1碰，依然可突围。

A位有冲断，黑棋吃不住白棋。

请思考一下！

如果还不明白，来"微信视频号"找我

吧！

图一百二十五

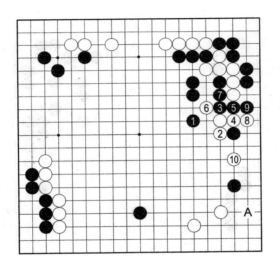

黑1跳，才是此时正确的应手。

发现对方的破绽，先冷静，别急！

江湖坑多，要谨慎！

白2压出是第一感，黑3此时靠断，时机就成熟啦！

至白10，是双方接近的局势。

进程中，白10也可以考虑在A位跳。

邹老师，白棋那几颗子，救不出来吗？

小白："我真的还想再活五百年！"

图一百二十六

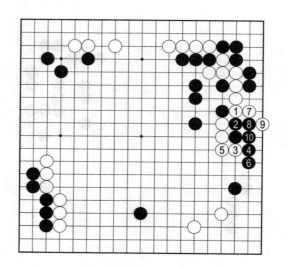

第一感，觉得白棋危险。

我电脑上的 AI 老师，一开始也没给我白 1 的选项。

随着深入研究，发现白棋的生命力还挺顽强。

小白："五百年，不是梦！"

不过，白 1 挡，战斗还是比较复杂的。

喜欢简明的同学，选择上图即可。

至黑 10，几乎是双方必然的进行。接下来，白棋该如何突围呢？

图一百二十七

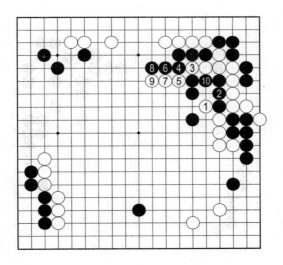

白1、3次序错误！

白1撞气啦！

贴身肉搏的时候，一定要谨慎再谨慎！每步棋，都可能是致命的！

至黑10，白棋慢一气被杀。

图一百二十八

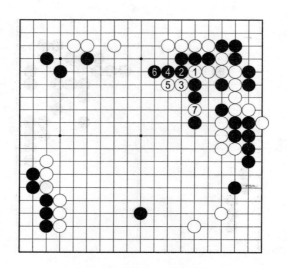

白1、3先冲断，才是正确的次序。

小黑："不错嘛，总算有了一些高手的气质。"

白7挖，精彩的一手！

小白："是时候展现我真正的实力啦！"

是不是有些蒙？

嗯！

传说，刀够快的话，人是没啥痛苦的。

图一百二十九

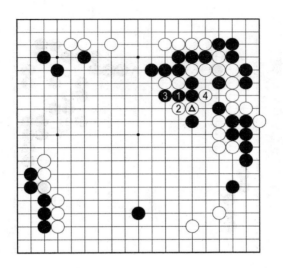

白4扳，好棋，学到了吧！

棋筋吃通了！

品品白△，单关跳的破绽在哪？

就是怕——挖！

还记得李世石当年怎么爆冷击败年幼的 AI 老师吗？

靠的就是神之一挖！

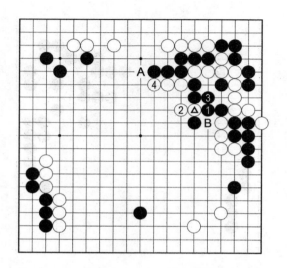

来看看，黑1从里面打吃能不能截断白棋。

黑3需要补自身的断点。

白4压，A和B两点见合了，黑棋上下难以兼顾。

仔细算算气，白棋里面是四口气，黑棋杀不过！

那黑棋咋办呢？

难道就这么崩啦？

别慌，黑棋有抵抗的手段！

图一百三十一

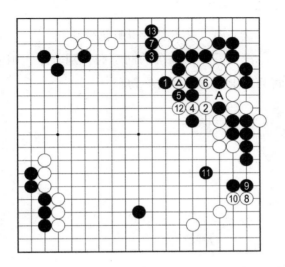

当白棋△位断的时候，黑1打吃才是正确的应对。

白2打吃，下边突围成功！黑3跳，威胁白棋上边。

注意看！有了黑3之后，A位粘就成立了！

因此，白4、6需要防守下边。

黑7挡下，攻击白上边四子。

白8抢攻下边黑棋，获取目数。

至黑13，依然是一场混乱的战斗。

从AI的胜率上看，白棋稍占上风。

只不过，那点胜率的优势，人类可以忽略不计。

这一串，是不是看得眼花缭乱？

没关系，书友会的同学们，别着急，咱们视频课上，再好好捋一捋！

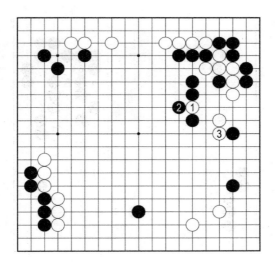

白棋还有一种可能的选择！

小白："是你逼我出绝招的！白1挖，送给您！"

咦？白1这交换一下，啥意思？

防黑棋的靠断啊！

难道，你当我耍帅吗！

小白："其实，我这种长相，是不需要耍的。"

小黑："能再低调点吗，我晚饭还没吃呢！"

图一百三十三

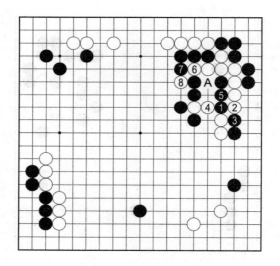

我在这儿等着你来断哎，等着你来断，送你上西天！

白8断，妙手！

注意看！白棋三口气，而黑棋外围两口气，可A位的叫吃，黑棋是接不归。

所以，结论是——黑棋拜拜了！

那黑棋该怎样应对呢？

图一百三十四

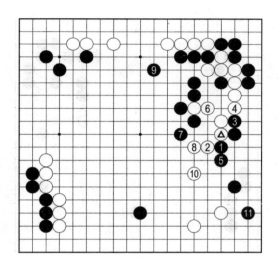

杀不掉，就别硬杀！

记住要诀——攻击的目的是顺势捞空！

至黑11，是双方正常的进行，局势依然很接近。

不过，本图的进行，我个人比较喜欢黑棋。

图一百三十五

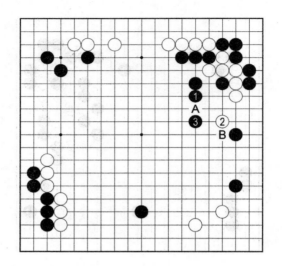

总结一下，捋一捋思路！

之前，我们讲了黑1并的下法。

黑3之后，白棋有A、B两种选择！

图一百二十五，图一百三十一，图一百三十四，都是非常难解的战斗。

说明了啥？

说明在此局面下，卞相壹还有救！

别着急，还没完！

黑棋还有一招！

图一百三十六

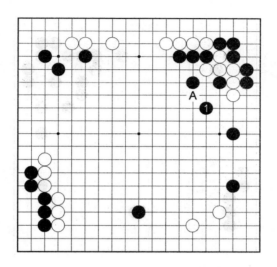

　　除了 A 位的并，黑 1 飞，也是局部可考虑的选择！

　　看起来是不是很晕？

　　邹老师，这黑棋棋形破破烂烂的，你确定能行？

　　不确定！

　　围棋太复杂，我可不敢把话说满！

　　只是把研究的心得分享给大家。

　　这么谦虚？

　　呃……其实是有点心虚！

图一百三十七

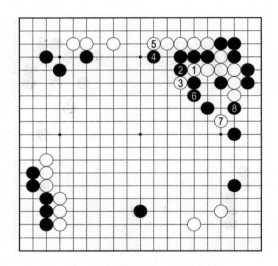

如果白1、3冲断的话,我心就不虚了。

黑4跳,压迫上边。

白5应,这是不负责任的下法!

小黑:"能给点压力吗!"

至黑8,白棋全部阵亡了。

图一百三十八

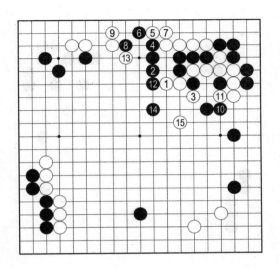

接上图。

白棋只能先救出下边几颗子。

黑4挡下，白5、7扳接做活。

白9立，有了立的帮助，白棋上边基本活了。

至白15，依然是一场混战。

不过，本图的进行，我喜欢黑棋。

我认为，白棋有更好的选择！

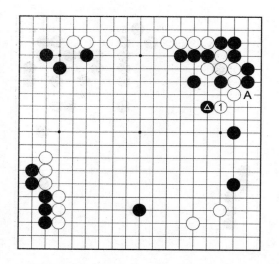

　　黑棋▲飞的时候，白1尖顶是我认为更好的选择。

　　实际上，白棋也有A位拐的下法。

　　但太复杂了！

　　我还年轻，有的是时间放弃！

　　大家饶了我吧，邹老师的脑细胞支撑不了多久啦！

　　白1尖顶，相对好理解得多。

　　咱们来看看其中的变化。

图一百四十

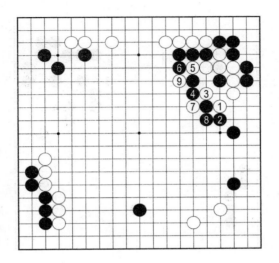

黑2扳，是白棋所期待的。

小白："真是想啥来啥！"

至白9，黑棋崩溃了。

总是遇到这种级别的对手，那是不是也很

无趣？

有挑战的胜利，才有荣耀！

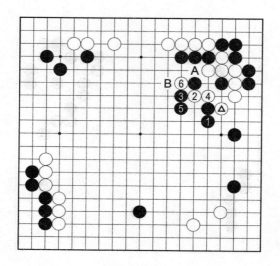

黑1长，挑战来啦！

记住白2这步碰的手段！

实战中使出来，您就是整个赛场最靓的仔！

黑3如4位挡，白A位冲，黑棋扛不住。

黑3外扳，白6断之后，黑棋依然吃不住白棋。

注意看！

此时，黑A，则白B，黑反被吃！

图一百四十二

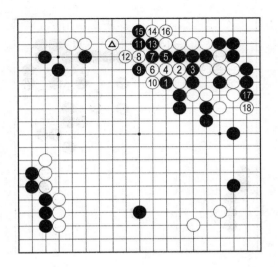

接上图。

黑1打吃，至黑7顺出，白8扳是紧气的要点！

接下来几乎是必然的进行。

至白18，黑棋慢一气被杀。

请同学们仔细算算气。

白棋△的配置，救了白棋的命！

小白："真的是好险啊！"

小黑："你就是运气好！"

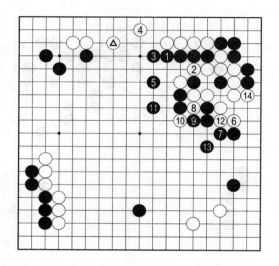

因此，黑棋只得忍耐。

黑1贴，放白棋做活，才是明智之举。

白8、10冲断，做活之前给黑棋外围制造一些薄味。

至白14，依然是难解的局势。

只不过，我个人更喜欢黑棋另一种选择。

图一百四十四

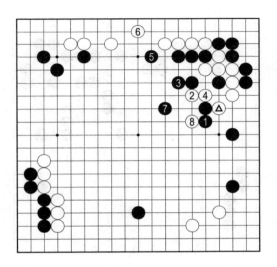

黑3退，冷静。

封不住就不封，打不过就加入！

为人处事，思路灵活些。

黑5、7把自身棋形先整理好。

白8靠出，是常用的手段。

请仔细算一下，黑棋已经无法阻止白棋出来了。

没关系，不是非要吃棋，人生才完整！

图一百四十五

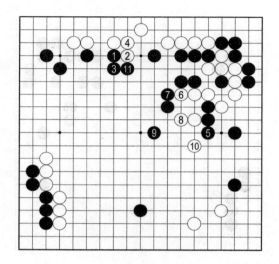

接下来，黑1靠压，拿捏白棋的棋形，好好品一品！

白4粘，需要防自身的断点。

黑5整理一下棋形。

白10跳出之后，咱们不要急于进攻！

人生的路很长，何必动刀动枪的呢！

看不到明显的利益，不要急于求成！

黑11拐，先整理好自身的棋形，今后再徐徐图之。

本图的进行也是不分伯仲的形势。

图一百四十六

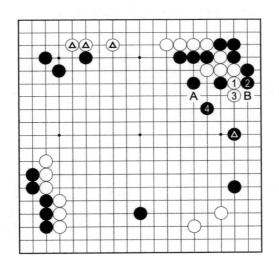

好啦，到了总结的时候啦！

目前的结论是，在此局面下，白1、3是唯一的应手！

黑A位并和4位飞，都是可以考虑的选择。

有些遗憾的是，黑4飞的时候，白B位拐下的下法，非常复杂，我心里没底！

需要注意的是！如果单看局部，在黑▲位有子的情况下，黑4飞，白棋是有些危险的！

白棋之所以能抗住，是因为此局面，左边白▲位有几颗子力做接应！

往回看看，图一百三十八、图一百四十二，就会明白白棋左边子力的重要性！

图一百四十七

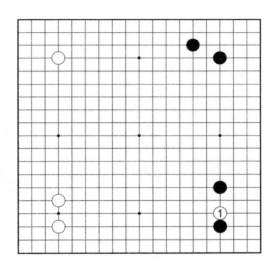

本册就到这里啦。

关于二间守角，变化还有很多，咱们下册接着聊。

"小目二间守角"可是分上下两册，不要忘了购买下册哦！

要学，咱们就把局部学透彻了！

是不是还有很多困惑？

来微信视频号向我提问吧！

搜索微信视频号"邹俊杰围棋"，咱们开开心心学围棋！